CHÈRE,

Que le Tout-Puissant vous bénisse, vous et votre famille, de sa bénédiction.

Califes Rashidun
Publié par Éditions Hidayah

ISBN: 978-1-998843-04-6

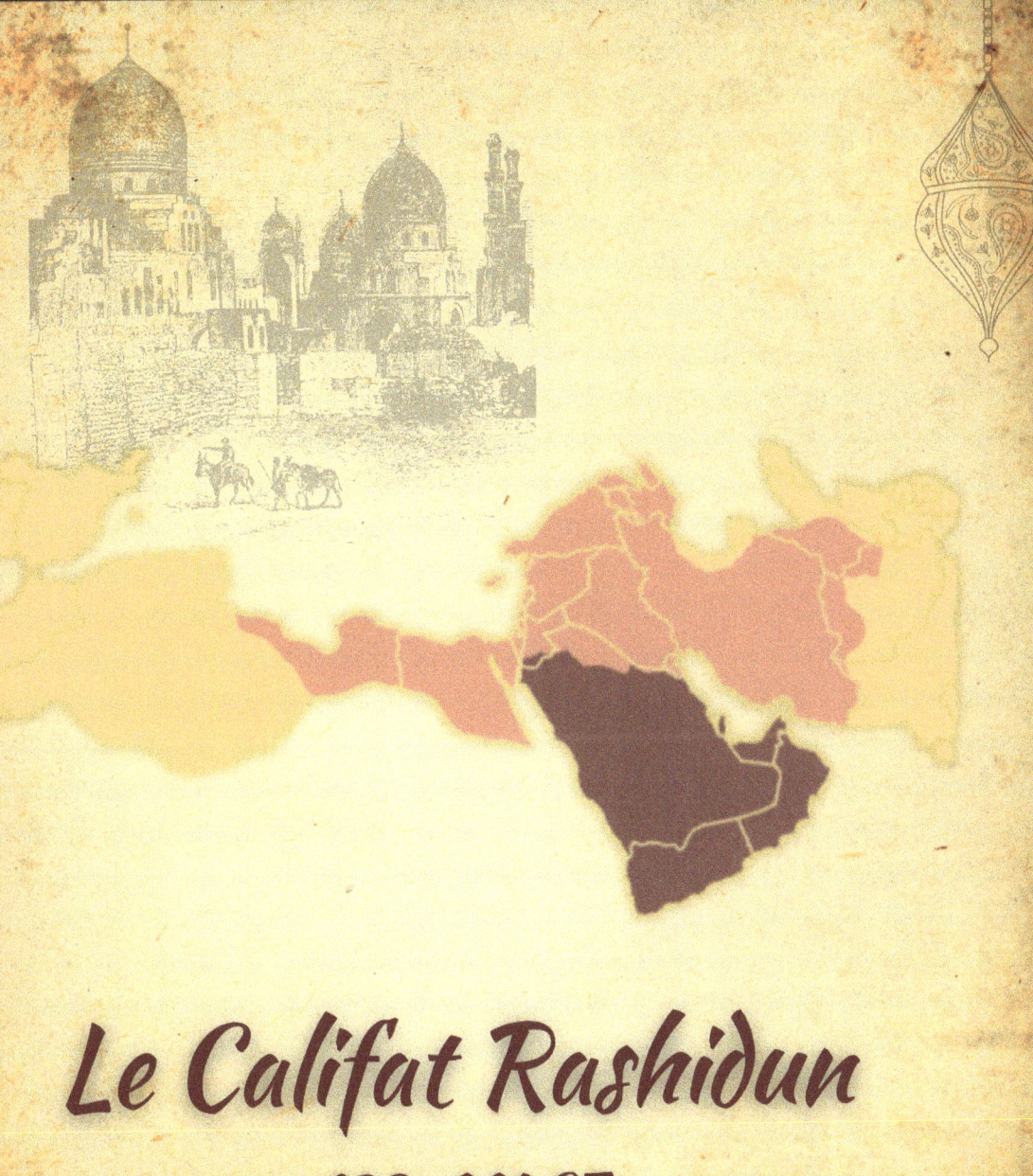

Le Califat Rashidun

632-661 CE

Qu'est-ce qu'un Califat?

Avant la montée de l'Islam, les tribus arabes suivaient des communautés tribales nomades et sédentaires autonomes. Après les premières conquêtes musulmanes du Prophète Muhammad ﷺ, la région a été politiquement unifiée et s'est étendue sous l'islam.

Un califat est un État islamique placé sous la direction d'un intendant islamique portant le titre de " calife " ; une personne considérée comme le successeur politico-religieux du Prophète Muhammad ﷺ et le dirigeant de l'ensemble du monde musulman (Ummah). Historiquement, les califats étaient des organisations politiques fondées sur l'islam qui se sont transformées en empires transnationaux multiethniques. Au cours de la période médiévale, trois principaux califats se sont succédé : Le califat des Rashidun (632-661), le califat des Omeyyades (661-750) et le califat des Abbassides (750-1517). Dans le quatrième grand califat, le califat ottoman, les souverains de l'Empire ottoman revendiquent l'autorité califale à partir de 1517.

Le premier califat de l'Islam, le califat Rashidun, a immédiatement succédé au dernier messager d'Allah, le Prophète Muhammad ﷺ, en 632 AD. Les quatre califes de Rashidun étaient élus par la shura, un processus de consultation communautaire que certains considèrent comme une forme précoce de démocratie islamique.

Qui est un Calife?

Khalifah (Calife) signifie successeur, celui qui succède ou suit quelqu'un dans n'importe quelle position. Le terme a été utilisé pour la première fois par les musulmans, en référence à Abu-Bakr al-Sidique(R.A) lorsqu'il a succédé au Prophète Muhammad ﷺ en 632 AD. Abu-Bakr(R.A) a été appelé Khalifah-tur-Rasulallah (le successeur de l'Apôtre de Dieu), et à partir de ce moment, le terme utilisé pour tous les chefs des États islamiques dans l'âge d'or islamique. Le titre de Khalifah (calife) impliquait les fonctions de chef de l'État. Son devoir n'était pas de donner de nouvelles interprétations en matière religieuse, mais d'adhérer au Coran et à la Sunnah (les pratiques de Rasulallah ﷺ). La fonction du califat était chargée d'appliquer et de défendre la charia' (loi islamique). Par conséquent, le calife avait des fonctions spirituelles et mondaines et servait de chef spirituel et politique.

Abu Bakr As-Siddique

632-634 CE

Lignée et Première Vie

Abu Bakr Siddique^(R.A), populairement connu sous le nom d'Abu Bakr, est le first calife après le Prophète Mohammad  Son nom complet est Abdullah bin Abu Quhafah Uthman bin Aamer Al Qurashi Al Taymi. Sa lignée se joint à celle du Prophète six générations avant lui-même.

Abu Bakr Siddique^(R.A) est né à la Mecque en l'an 573 (ère chrétienne), deux ans et quelques mois après la naissance du Prophète Mohammad . Abu Bakr^(R.A) a été élevé au sein de ses bons parents décents ; ainsi, il a acquis une estime de soi considérable et un statut noble. Son père Uthman Abu Quhafah a accepté l'Islam le jour de la victoire à Makkah. Sa mère Salma bint Sakhar, également connue sous le nom de Umm Al Khair, embrassa l'Islam très tôt et émigra à Médine.

Abu Bakr Siddique^(R.A) a passé sa petite enfance, comme d'autres enfants arabes de l'époque, parmi les Bédouins. Dans ses premières années, il jouait avec les veaux de chameau et les chèvres, et son amour pour les chameaux lui valut le surnom d'"Abu Bakr", qui signifie "le père du veau de chameau".

En 591 après J.-C., à l'âge de 18 ans, Abu Bakr^(R.A) se lança dans le commerce et adopta la profession de marchand de tissus, qui était le métier de sa famille. Il commença son activité avec un capital de quarante mille dirhams et voyagea beaucoup avec des caravanes (train de chameaux, série de

chameaux transportant des passagers d'un endroit à un autre). Ses voyages d'affaires l'amènent au Yémen, en Syrie et dans de nombreux autres pays de l'actuel Moyen-Orient. Ses affaires ont prospéré et, bien que son père soit encore en vie, Abu Bakr(R.A) a été reconnu comme le chef de sa tribu en raison de ses nombreuses qualités telles que sa connaissance de l'histoire des tribus arabes (connaissances généalogiques), la politique, le commerce et les affaires, sa gentillesse et bien d'autres. Même avant l'Islam, Abu Bakr Siddique(R.A) a obtenu de grandes valeurs, une éthique élevée et de bons comportements au sein de la société ignorante. Il était connu parmi les gens de la Mecque comme un leader sur les autres en matière de moralité et de valeurs. Ainsi, il n'avait jamais été écarté ou critiqué pour une quelconque déficibilité au sein de la tribu des Quraish.

Acceptation de l'islam

Abu Bakr Siddique(R.A) a accepté l'Islam après une longue recherche de la vraie religion. Quand Abu Bakr(R.A) a embrassé l'Islam, le Prophète ﷺ était ravi, car Abu Bakr (R.A) était une source de triomphe pour l'Islam en raison de son intimité avec la tribu des Quraish et de son noble caractère qu'Allah a exalté.

Le Saint Prophète ﷺ a dit un jour:

"Abu Bakr était la seule personne qui a accepté l'islam immédiatement, sans soupçon."

Le titre de "As-Siddique"

As-Siddique, le plus connu des titres d'Abu Bakr(R.A), vient du mot "Sidq", qui signifie véracité. Par conséquent, le mot As-Siddique signifie une personne qui est constamment véridique ou qui croit constamment en la véracité de quelque chose ou de quelqu'un. Dans le cas d'Abu Bakr(R.A), dans la véracité du Prophète Mohammad ﷺ. Le titre 'As-Siddique' a été donné à Abu Bakr(R.A) par nul autre que le Saint Prophète ﷺ.

Migration de La Mecque à Médine

Lorsque le Prophète ﷺ et ses compagnons (Sahaba) ont énormément souffert des méfaits des Quraish, le Prophète ﷺ a ordonné à ses compagnons de migrer vers Médine. Alors que la maison du Prophète ﷺ était assiégée par un groupe d'épéistes de toutes les tribus de la Mecque, il laissa son cousin, Ali bin Abi Talib(A.S), dans son lit et se glissa inaperçu de la maison, et partit avec Abu Bakr(R.A) aux premières heures du matin. Leur voyage de La Mecque à Médine fut plein d'aventures. Dès que les épéistes assiégeants découvrirent qu'ils avaient été trompés, ils partirent à la recherche du Rasolallah ﷺ et d'Abu Bakr(R.A). Un prix public de cent chameaux fut offert à quiconque pourrait les trouver. Cependant, il arriva que lorsqu'ils se cachèrent dans une grotte nommée Thaur (où ils passèrent trois nuits), une araignée tissa sa toile à l'ouverture de la grotte, et un pigeon y construisit son nid. Les bretteurs suivirent leurs traces jusqu'à ce qu'ils atteignent leur cachette, mais, voyant la toile et l'heure matinale, ils rentrèrent chez eux, disant à tout le monde que toute poursuite était infructueuse.

Le Messager d'Allah ﷺ a dit une fois à propos d'Abu Bakr(R.A):

"Personne ne m'a aidé sans me rendre la pareille, à l'exception d'Abou Bakr, qui m'a apporté une aide qu'Allah lui rendra le jour de la résurrection. Les biens de personne ne m'ont bénéficié dans la mesure de ceux d'Abou Bakr. Et si je devais prendre un khalil (ami), alors j'aurais pris Abou Bakr comme khalil, et en effet ton compagnon est le khalil d'Allah." (Tirmidhi: 3661)

Abu Bakr(R.A) avait également libéré de nombreux esclaves car il éprouvait de la compassion pour eux. Selon certaines sources, il a acheté et libéré huit esclaves, quatre hommes et quatre femmes, en payant quarante mille dinars pour leur liberté. Bilal bin Rabah(R.A), l'un des compagnons les plus loyaux et les plus fiables du Prophète Mohammad ﷺ, était l'un des esclaves qu'Abu Bakr(R.A) a libéré de l'esclavage.

Le Premier Calife de l'Islam

Abu Bakr Siddique(R.A), lorsqu'il entendit la nouvelle du décès du Prophète Mohamed ﷺ, il se précipita vers sa maison. Il était également choqué et avait l'impression qu'une partie vitale de son corps était coupée. Il y arriva et embrassa le front du Prophète Muhammad ﷺ trois fois et dit,

"Ô Messager d'Allah ﷺ! Ta mort est aussi propre et gracieuse que l'était ta vie." (Ibn e saad)

Quelle journée épouvantable ce fut pour tous les Compagnons. Chaque cœur était triste, et chaque œil versait des larmes. Personne n'était prêt à l'accepter.

Après les consultations, le jour où Rasolallah ﷺ est décédé, Abu Bakr(R.A) a été élu comme le premier calife de l'Islam dans la soirée. Trois jours auparavant, Rasolallah ﷺ avait confié à Abu Bakr(R.A) la charge du pilier le plus important de l'Islam, le Namaz. Il méritait d'être le calife car il était le plus proche de tous les compagnons, l'ami de la caverne, et le ﷺ beau-père du Saint Prophète. Il est également connu comme le pionnier de l'Islam car il faisait partie des premiers convertis.

Abu Bakr(R.A) a passé une année entière à lutter contre les faux Prophètes et ceux qui désobéissent aux lois du gouvernement islamique. À la fin de l'année, toutes les menaces avaient été réduites et sa position était établie dans la nation.

Principales Contributions

L'une des réalisations les plus remarquables qu'Abu Bakr Siddique(R.A) a rendu à l'Islam a été la compilation du Saint Coran. À cette époque, des centaines de mémorisateurs avaient mémorisé l'intégralité du Coran, mais celui-ci n'avait jamais été compilé sous forme de livre. Umer bin Khattab(R.A) a exhorté Abu Bakr(R.A) à le faire écrire sous la forme d'un livre. Abu Bakr(R.A) a d'abord hésité car cela n'avait pas été fait par le Saint Prophète ﷺ lui-même. Cependant, après quelques débats sur le sujet, il accepta et désigna Zaid ibn Thabit(R.A) pour ce travail. Zaid(R.A) a hésité à l'idée d'entreprendre une tâche aussi importante, mais il a ensuite pris courage et a commencé le travail. Zaid(R.A) était la personne la plus apte à être chargée de cette tâche car il avait agi en tant qu'écrivain auprès du Prophète ﷺ, et de l'un des Compagnons, qui avait appris le Coran directement de lui.

Zaid ibn Thabit(R.A), a dit:

"Par Allah, si Abu Bakr(R.A) avait ordonné de déplacer une des montagnes de sa place, cela n'aurait pas été plus difficile pour moi que ce qu'il m'avait ordonné concernant la collecte du Coran."

Il est rapporté d'Ali bin Abi Talib(R.A), qui a dit:

"Celui qui a la plus grande récompense parmi les gens est Abu Bakr car il a été unique dans la compilation du Coran."

Décès et lieu d'inhumation

Abu Bakr Siddique(R.A) est décédé le 22 de Jumada Al-Akhirah, 13ème A.H. (lundi 23 août 634 AD), après avoir souffert de fièvre pendant quinze jours, au cours desquels il avait donné des instructions pour qu'Umar bin Khattab(R.A) dirige les prières. Lorsqu'Abu Bakr(R.A) est mort, il avait soixante-trois ans, et son califat n'avait duré que deux ans et trois mois. Pendant sa maladie, il pensait à l'Islam et à l'avenir de la stabilité de l'État. Après avoir consulté de nombreux compagnons connus du Saint Prophète ﷺ, Abu Bakr(R.A) décida de confier le califat à Umar bin Khattab(R.A).

Avant de mourir, Abu Bakr(R.A) a rendu tout ce qu'il avait pris dans le trésor public pendant son califat. On dit qu'il n'a pas légué d'argent du tout. Il n'a laissé qu'un serviteur, un chameau et un vêtement. Ses ordres étaient qu'après sa mort, le vêtement soit remis à son successeur. En le voyant, Umar(R.A) pleura et dit:

"Abu Bakr(R.A) a rendu la tâche de son successeur très difficile."

Lorsqu'il mourut, Umar(R.A) dirigea la prière funéraire, et sa tombe fut placée à côté du Prophète ﷺ Telle fut la mort paisible d'Abu Bakr Siddique(R.A) après avoir lutté toute sa vie pour la cause de l'Islam. Tout au long des premières années de l'Islam, Abu Bakr(R.A) a été une source de réconfort et une aide constante pour le Saint Prophète ﷺ, toujours prêt à sacrifier sa richesse et sa vie même pour la cause de l'Islam. Après le Saint Prophète ﷺ, Abu Bakr(R.A) a continué là où le Prophète ﷺ s'était arrêté. Il a encore renforcé les fondements de la nation musulmane en combattant et en vainquant les apostats, puis en propageant l'islam dans certaines conquêtes importantes au cours de son califat.

Qu'Allah soit satisfait d'Abu Bakr(R.A) et le récompense avec la meilleure des récompenses.

Ameen

Umar Al-Farooq

634-644 CE

Lignée et Première Vie

Son nom complet est Umar ibn Al-Khattab(R.A). Il était connu sous le nom d'Abu Hafs et a gagné le surnom d'Al-Farooq (le critère) parce qu'il a montré son Islam ouvertement à la Mecque, et à travers lui, Allah(S.W.T) a fait la distinction entre l'incrédulité et la foi. Il est né en 584 AD. Son père était Al-Khattab ibn Nufayl, et son grand-père Nufayl était l'un de ceux que la tribu de Quraish avait l'habitude de référer pour le jugement. Sa mère était Hantamah bint Hashim bin Al Mugheerah.

Umar(R.A) a passé la moitié de sa vie dans la société préislamique (Jahiliyah), et a grandi comme ses pairs de Quraish, sauf qu'il a un avantage sur eux comme celui qui avait appris à lire, dont il y avait très peu. Il a assumé des responsabilités dès son plus jeune âge et a reçu une éducation très dure dans laquelle il n'a connu aucun type de luxe ou de manifestation de richesse. Son père, Al-Khattab, le forçait à s'occuper de ses chameaux.

Dès son plus jeune âge, il excellait également dans de nombreux sports, tels que la lutte, l'équitation et l'art du cheval. Il appréciait et racontait la poésie, et il s'intéressait à l'histoire et aux affaires de son peuple. En outre, il s'engagea dans le commerce et profita, ce qui fit de lui l'un des hommes riches de La Mecque. Il fit la connaissance de nombreuses personnes dans les pays qu'il visitait pour le commerce. Il se rendait en Syrie en été et au Yémen en hiver. Il occupait donc une position importante dans la société mecquoise à l'époque préislamique.

Umar(R.A) était sage, éloquent, parlant bien, fort, tolérant, noble, persuasif et clair de parole, ce qui le rendait qualifié pour être un ambassadeur de Quraish. Il était un juriste expert et est surtout connu pour sa justice, de la même manière pour les musulmans et les non-musulmans. Cette valeur lui a valu le titre de " Al- Farooq " (celui qui distingue le bien du mal).

Acceptation de l'islam

En tant qu'un des ennemis les plus enragés de l'Islam et du Saint Prophète ﷺ ; il était un tourmenteur des musulmans, et tout le monde le craignait.

On raconte qu'un jour, dans une pure colère, Umar(R.A) résolut de tuer le Saint Prophète ﷺ et quitta la maison avec cette intention. Alors qu'il approchait de la maison du Saint Prophète ﷺ, un homme l'arrêta. Lorsque l'homme apprit ce que faisait Umar(R.A), il lui dit : "Ta sœur et son mari ont eux aussi embrassé l'Islam. Pourquoi ne retournes-tu pas dans ta maison pour remettre les choses en ordre !"

En entendant cela, il changea furieusement de direction et se dirigea vers la maison de sa sœur. Alors qu'il s'approchait de leur maison, il pouvait entendre le son de la récitation du Coran.

Umar(R.A) se dirigea vers la maison et frappa à la porte. Lorsque la sœur et son mari entendirent frapper à la porte, ils se précipitèrent pour cacher le Livre. Umar(R.A) entra dans la maison et demanda à savoir quel était le bourdonnement qu'il entendait. Sa sœur répondit que c'était le bruit qu'ils faisaient en se parlant. Mais Umar(R.A) connaissait bien le son du Coran, il leur demanda donc avec colère.

"Êtes-vous devenus musulmans?"

"Oui, nous l'avons fait", répondit le mari de la sœur. Umar(R.A) le frappa de colère, et lorsque sa sœur essaya de défendre son mari, il la frappa également au visage. Le sang avait déjà commencé à couler de son visage. Elle se leva et fit face à son frère en colère en disant : "Tu es un ennemi de Dieu ! Tu m'as frappée juste parce que je crois en Allah. Que cela te plaise ou non, je témoigne qu'il n'y a pas d'autre dieu qu'Allah et que Muhammad ﷺ, est son esclave et son messager. Fais ce que tu veux !"

Umer(R.A) a vu le sang couler sur le visage de sa sœur. Ses paroles résonnaient dans ses oreilles. Il a exigé qu'on lui récite les mots du Coran qu'il avait entendus en s'approchant de la maison. Sa sœur lui a demandé de se laver avant de réciter ces mots. Il a accepté, s'est lavé et est revenu. Lorsque sa sœur a récité les mots du Coran, ses yeux se sont remplis de larmes chaudes.

"Est-ce là ce à quoi nous nous sommes opposés ?" s'est-il écrié. "Celui qui a prononcé ces paroles doit être adoré". Umar(R.A) quitta la maison de sa sœur et se précipita vers le Messager d'Allah ﷺ.

Les compagnons qui accompagnaient le Saint Prophète ﷺ avaient peur d'Umar(R.A), ils ont donc essayé de l'arrêter.

Rasulallah ﷺ demanda : " Pourquoi es-tu venu ici, fils de Khattab ?"

Umar(R.A) fait face au Saint Prophète ﷺ avec humilité et joie et dit : "Ô Messager de Dieu ! Je suis venu sans raison, sauf pour dire que je crois en Dieu et en son messager." Le Saint Prophète ﷺ fut envahi par la joie et s'écria qu'Allah est grand.

Sa conversion a eu un effet miraculeux sur les habitants de La Mecque, et de plus en plus de gens ont maintenant commencé à accepter le message du Saint Prophète ﷺ.

Umar(R.A) a vécu à l'époque préislamique et la connaissait parfaitement. Il connaissait sa vraie nature, ses coutumes et ses traditions, et il l'a défendue avec tout le pouvoir qu'il possédait. Par conséquent, lorsqu'il est entré dans l'Islam, il a compris sa beauté et sa vraie nature, et il a reconnu la grande différence entre la guidance et l'égarement, l'incrédulité et la foi, la vérité et le mensonge.

La migration de La Mecque à Médine

Lorsque Umar(R.A) décida d'émigrer à Médine, il insista pour le faire ouvertement. Ibn Abbas(R.A) a dit:

"Ali bin Abi Talib(A.S) m'a dit : " Je ne connais aucun migrant qui n'ait pas migré en secret, à l'exception d'Omar ibn Al-Khattab. Lorsqu'il décida d'émigrer, il revêtit son épée, mit son arc sur son épaule, ramassa ses flèches et porta son bâton. Il se rendit à la Ka'ba, où un certain nombre de Quraish étaient rassemblés dans sa cour. Il leur dit : "Que vos visages deviennent laids ! Allah ne fera que frotter ces nez dans la poussière. Celui qui veut que sa mère soit privée de lui, que ses enfants deviennent orphelins et que sa femme devienne veuve, qu'il me rencontre derrière cette vallée. Ali(R.A) a dit : "Personne ne l'a suivi."

Le successeur du Calife Abu Bakr(R.A)

Lorsque la maladie d'Abu Bakr(R.A) s'est intensifiée, les gens se sont rassemblés autour de lui, et il a dit :

"Vos affaires sont entre vos mains, alors nommez sur vous qui vous voulez. Si vous nommez quelqu'un pendant que je suis encore en vie, je pense qu'il est moins probable que vous soyez divisés après mon départ."

Ils sont donc revenus vers lui et ont dit :

"Nous avons décidé de te la laisser, Ô' successeur du Messager d'Allah ."

Il dit : "Donne-moi du temps pour que je choisisse quelqu'un qui sera le plus agréable à Allah, et le plus protecteur de Sa religion et de Ses esclaves."

Alors, il regarda le peuple et lui dit :

"Acceptez-vous celui que je désigne comme votre chef ? Par Allah, j'ai essayé de nommer le meilleur, je n'ai pas nommé un parent. J'ai désigné Omar ibn Al-Khattab comme votre chef, alors écoutez-le et obéissez-lui."

Les compagnons ont dit : "Nous allons écouter et obéir."

Puis Abu Bakr(R.A) se tourna vers Allah(S.W.T) pour le supplier, exprimant son inquiétude à son Seigneur. Il dit :

"J'ai nommé sur eux le meilleur d'entre eux et celui qui est le plus apte à les conduire dans la bonne voie."

Umar^(R.A) comme Calife

Il fut le first calife à être nommé "Ameer-ul-Momineen (Prince des Croyants)". Ses réalisations, pendant son règne en tant que calife, sont si nombreuses, cependant, voici quelques points saillants de ses réalisations pendant le mandat de son "Khilafat" :

- Il est celui qui a fondé le calendrier lunaire (année Hijri c'est-à-dire selon la date de la migration du Prophète Mohammad ﷺ à Médine.).

- À son époque, l'Islam a acquis une grande position, car l'Empire islamique s'est étendu à un rythme sans précédent, régnant sur l'ensemble de l'Irak, de l'Égypte, de la Libye, de Tripoli, de la Perse, du Khurasan, de l'Anatolie orientale, de l'Arménie du Sud et du Sajistan. Jérusalem (première Qiblah) a été conquise sous son règne, ainsi que l'ensemble de l'empire perse sassanide et les deux tiers de l'empire romain d'Orient.

- Il a introduit et mis en œuvre différents emplois dans l'administration politique et civile, tels que le secrétaire en chef (Khatib), le secrétaire militaire (Khatib-ud-Diwan), le collecteur de recettes (Sahib-ul-Kharaj), le chef de la police (Sahib-ul-Ahdath), l'agent du Trésor (Sahib Bait-ul-Maal) et de nombreux autres postes officiels.

- Umar^(R.A) a été le premier à établir un département spécial pour enquêter sur les plaintes contre les officiers de l'État.

- Il a également introduit la pratique de mesurer la terre et d'en garder la trace, a adopté un système de recensement. Il fit creuser des canaux et peupler des villes comme Koofah, Basrah, Jeezah, Fustat (Le Caire) et délimita des provinces à partir des territoires conquis.

- Il fut le premier à autoriser les commerçants des pays rivaux à pénétrer dans les territoires musulmans pour y faire des affaires.
- Umar[R.A] a été le premier à introduire le système des ministères publics, où les dossiers des fonctionnaires et des soldats étaient conservés. Il a également été la première personne à nommer des forces de police pour maintenir l'ordre civil. Un autre aspect important du règne d'Umar[R.A] est qu'il a interdit à ses gouverneurs/officiels de s'engager dans le commerce ou toute autre transaction commerciale alors qu'ils étaient en position de pouvoir.
- Par-dessus tout, dans les terres conquises, Umar[R.A] n'a pas exigé que les populations non musulmanes se convertissent à l'Islam, et il n'a pas non plus tenté de centraliser le gouvernement. Au contraire, il a permis aux populations conquises de conserver leur religion, leur langue et leurs coutumes et a laissé son autorité relativement intacte, imposant seulement un gouverneur (Amir) et un agent financier (Amil). Ces nouveaux postes faisaient partie intégrante du réseau fiscal efficace qui finançait l'empire.

Les instructions générales d'Umar[R.A] à ses officiers étaient les suivantes:

"Rappelez-vous, je ne vous ai pas nommés comme commandants et tyrans sur le peuple. Au contraire, je vous ai envoyés comme leaders pour que les gens vous suivent. Donnez aux musulmans leurs droits afin qu'ils ne soient pas maltraités. Ne les louez pas excessivement, de peur qu'ils ne tombent dans le péché de vanité. Ne leur fermez pas les portes au nez, sinon les plus puissants mangeraient les plus faibles. Et n'agissez pas comme si vous étiez supérieur à eux, car c'est de la tyrannie sur eux."

Martyre

L'Imam ibn Kathir a dit que lorsque Umar$^{(R.A)}$ a terminé ses rites du Hajj en 23 Hijri, il a prié et demandé à Allah$^{(S.W.T)}$ de le prendre à Lui et de lui accorder le martyre dans la terre du Saint Prophète ﷺ, c'est-à-dire à Médine. Allah est en effet bienveillant envers qui il veut. Il arriva qu'Abu Lulu Al- Fayruz, le Magian (l'adorateur de la fire), non croyant et d'origine romaine, poignarda Umar$^{(R.A)}$ alors qu'il était en train de faire la Salah Fajr (prière de l'aube) avec un poignard à deux lames. Il l'a poignardé trois fois, dont l'une sous le nombril. Umar$^{(R.A)}$ est alors tombé en saignant abondamment et a été emmené à sa maison avec du sang jaillissant de sa blessure. Tout cela s'est produit avant le lever du soleil.

Alors Umar$^{(R.A)}$ a demandé : "Qui m'a tué ?"

Ses compagnons ont répondu : "Abu Lulu, le Magian."

Alors Umar$^{(R.A)}$ fut ravi et dit : "Louange à Allah qui ne m'a pas afflicted des mains de quelqu'un qui souscrit au monothéisme. Je vous interdisais de nous envoyer un infidel grossier, mais vous m'avez désobéi."

Puis il a dit : "Appelez mes frères."

Ils ont demandé : "Qui ?"

Umar$^{(R.A)}$ a dit : "Uthman, Ali, Talhah, Zubair, Abdul Rahman bin Awf, et Sad bin Abi Waqas."

Quand ils sont arrivés, Umar$^{(R.A)}$ a dit :

"J'ai examiné les affaires des musulmans, et j'ai trouvé que vous étiez les six premiers et les plus intelligents. Je ne vois pas l'autorité fitter pour quelqu'un d'autre que l'un d'entre vous. Si vous êtes droits, alors les affaires des gens seront droites. S'il y a désaccord, c'est parce que vous étiez en désaccord (entre vous)." Son sang fut épongé pour lui, et il dit : "Consultez pendant trois jours, et pendant ce temps, Suhayb Ar-Rumi doit diriger les gens dans la prière". Ils demandèrent : "Qui devons-nous consulter, ô Prince des croyants ?" Il répondit : "Consultez les immigrés et les partisans ainsi que les commandants des armées."

Il demanda à boire du lait. Lorsqu'il l'a bu, on pouvait voir la blancheur du lait suinter de ses plaies, et il était clair pour eux qu'il allait mourir. Il dit:

"L'heure est venue (c'est-à-dire de la mort). Si je possédais le monde entier, je l'aurais donné pour me rançonner de l'horreur du point de départ."

Puis, son âme a été enlevée. Cela s'est produit le 26 Dhul Hijjah, 23 A.H. (mercredi 7 novembre 644 AD). Il était âgé de soixante-trois ans et son ère s'étendait sur dix ans.

Selon la volonté d'Umar[(R.A)], il a été enterré, avec la permission de la Mère des croyants, Aisha Siddiqua (R.A), aux côtés du Prophète Mohammad ﷺ et du Calife Abu Bakr[(R.A)] dans le Masjid Al-Nabawi.

L'austérité d'Umar[(R.A)]

Umar[(R.A)] était très humble envers Allah et menait une vie austère. Sa nourriture était très grossière, et il rapiéçait ses vêtements avec du cuir. Il avait l'habitude de porter une peau d'eau sur ses épaules malgré sa grande estime. Il riait rarement et ne plaisantait jamais avec personne. Sur sa bague était gravé : "La mort est sufficient comme admonition, O'Umar."

Lorsqu'il a été nommé calife, il a dit : "Rien n'est permis (pour moi) du trésor plus que deux vêtements, un pour la saison froide et l'autre pour la saison sèche. La subsistance de ma famille sera l'équivalent de celle d'un homme moyen de Quraish et non des riches parmi eux, car je ne suis qu'un homme ordinaire parmi les musulmans (c'est-à-dire que je n'ai rien de spécial)."

Lors de la mission historique à Jérusalem, un sac rempli de farine d'orge desséchée, un chameau, un esclave et une coupe en bois étaient tous les biens d'Umar(R.A), le Khalife de la Ummah musulmane, un souverain islamique magnifique et puissant dont la cavalerie avait déjà piétiné les palais, les couronnes et les trônes sous les sabots de ses chevaux. Le fait que le calife s'asseyait parfois sur le chameau et que l'esclave marchait en tenant les rênes du chameau et vice-versa était un scénario unique d'égalité islamique et de dignité humaine.

Au moment de la sécheresse, Umar(R.A) mangeait du pain et de l'huile jusqu'à ce que sa peau devienne pâle et sombre, et il disait : "Quel mauvais dirigeant je suis si je mange mon fill et que le peuple a faim."

Qu'Allah le récompense avec la meilleure des récompenses.

Ameen.

Usman Zun-Noorain

644-656 CE

Lignée et Vie avant l'islam

Son nom complet est Uthman ibn Affan(R.A). Il est né à La Mecque, et il était environ cinq ans plus jeune que l'apôtre d'Allah ﷺ Son père est mort avant l'islam, c'est-à-dire la période préislamique. Le nom de sa mère était Arwa bint Kurayz, et elle est morte à l'époque où Usman(R.A) était calife. Dans la société préislamique, Uthman(R.A) était parmi les meilleurs de son peuple. Il était d'un statut élevé, très riche, trop modeste, et éloquent dans son discours. Son peuple l'aimait tendrement et le respectait. Il ne s'est jamais prosterné devant une idole et n'avait jamais commis d'action immorale, même avant l'Islam. Il ne buvait pas non plus d'alcool avant l'Islam. Il était très versé dans la connaissance des lignées, des proverbes et de l'histoire des événements importants. Il a voyagé en Syrie et en Éthiopie et s'est mêlé aux non-Arabes, apprenant des choses sur leur vie et leurs coutumes que personne d'autre ne connaissait. Il s'est occupé des affaires qu'il avait héritées de son père, et sa richesse a augmenté. Il était considéré comme l'un des hommes du clan Banu Umayyah qui étaient tenus en haute estime par tous les Quraish. Ainsi, Uthman(R.A) était considéré comme ayant un statut élevé parmi son peuple, et il était très aimé.

Acceptation de l'Islam &
Amour Immense avec Rasulallah ﷺ

Uthman⁽ᴿ·ᴬ⁾ avait trente-quatre ans quand Abu Bakr As-Siddique⁽ᴿ·ᴬ⁾ l'appela vers l'Islam, et il n'hésita pas du tout et répondit immédiatement à l'appel d'Abu Bakr⁽ᴿ·ᴬ⁾. Il était le quatrième homme à embrasser l'Islam après Abu Bakr⁽ᴿ·ᴬ⁾, Ali ibn Talib⁽ᴬ·ˢ⁾ et Zaid ibn Harithah⁽ᴿ·ᴬ⁾. Il est devenu musulman très tôt et a participé aux deux Migrations : first vers l'Abyssinie (Ethiopie) et ensuite Médine.

Le facteur le plus vital qui a renforcé le caractère d'Uthman⁽ᴿ·ᴬ⁾, qui a fait ressortir ses talents et ses potentiels, et qui a purifié son âme, était sa fréquentation du Messager d'Allah ﷺ et son étude entre ses mains. Il a dit :

"Allah Tout-Puissant a envoyé le Prophète Mohammad ﷺ avec la vérité et lui a révélé le Livre, et je faisais partie de ceux qui ont répondu à Allah et à Son Messager ﷺ et ont cru. J'ai fait les deux premières migrations, et je suis devenu le gendre du Messager d'Allah ﷺ, et j'ai reçu la guidance directement de lui."

Il est l'un des dix à qui le Prophète Muhammad ﷺ a annoncé la bonne nouvelle du paradis et l'un des compagnons qui ont compilé le Coran.

L'amour du Coran

Uthman[R.A] était profondément attaché au Saint Coran. Il était un 'Hafiz' du Coran (mémorisation du Coran) et avait l'habitude de lire le Coran tout le temps. Uthman[R.A] a récité l'intégralité du Coran au Prophète Mohammad ﷺ avant son décès.

Il a été rapporté que :

"Ceux qui ont enseigné le Coran comme Uthman ibn Affan, Abd-Allah ibn Masood, et d'autres, nous ont dit que lorsqu'ils apprenaient dix versets du Saint Prophète ﷺ, ils ne les dépassaient pas jusqu'à ce qu'ils aient appris la connaissance qu'ils contiennent et comment l'appliquer dans les actes."

Les propos suivants d'Uthman[R.A] montrent clairement son attachement et son amour pour le Saint Coran:

" Si nos cœurs étaient purs, nous n'aurions jamais notre fill des paroles d'Allah[S.W.T]."

"Je n'aimerais pas qu'un jour vienne où je ne regarderai pas dans le Livre d'Allah (c'est-à-dire, le Coran)."

Migration vers l'Éthiopie

Uthman[R.A] et son épouse Syeda Ruqayyah[R.A], fille du Saint Prophète ﷺ, ont migré en Éthiopie (Abyssinie) avec dix hommes et trois femmes musulmans. Certains musulmans les ont rejoints plus tard en tant que migrants. Tous les musulmans émigrés ont trouvé la sécurité, la sûreté et la liberté de culte en

Abyssinie. Uthman(R.A) avait déjà quelques contacts commerciaux en Éthiopie ; il a donc continué à exercer sa profession de commerçant.

Lorsqu'il y eut une rumeur selon laquelle les habitants de La Mecque étaient devenus musulmans, la nouvelle parvint aux émigrants d'Abyssinie. Ils revinrent donc, mais lorsqu'ils approchèrent de La Mecque, ils apprirent que la nouvelle était fausse. Néanmoins, tous les émigrants entrèrent dans la ville. Parmi ceux qui sont revenus, il y avait Uthman(R.A) et Syeda Ruqayyah(S.A) et ils se sont réinstallés à la Mecque. Uthman(R.A) est resté à la Mecque jusqu'à ce qu'Allah lui accorde la permission d'émigrer à Médine.

Le Mariage avec les Filles de Rasulallah ﷺ

Il épousa Syeda Ruqayyahh(S.A), fille du Prophète Mohammad ﷺ, qui décéda la nuit de la bataille de Badr. Lorsque les musulmans sont sortis pour livrer la bataille de Badr, la femme d'Uthman(R.A) était malade et était confinée à son lit au moment où son père, le Prophète Mohammad ﷺ, a appelé les musulmans à intercepter la caravane de Quraish. Uthman(R.A) se hâta de sortir avec le Messager d'Allah ﷺ, mais celui-ci ﷺ ne permit pas à Uthman(R.A) de les accompagner et lui ordonna de rester auprès de Ruqayyah(S.A) et de la soigner en disant :

"Tu [Uthman(R.A)] recevras la même récompense et la même part (du butin) que n'importe lequel de ceux qui ont participé à la bataille de Badr (si tu restes avec elle)." (Bukhari: 3699)

Uthman(R.A) a obéi de bon gré et est resté avec sa femme. Lorsqu'elle rendit son dernier souffle, elle se languissait de voir son Père ﷺ, mais elle ne put le voir. Son mari éploré, Uthman(R.A), enterra sa femme bien-aimée à Al-Baqee (le cimetière sacré des musulmans près de Masjid Al-Nabawi à Médine). Après être revenu victorieux de la bataille de Badr, Rasulallah ﷺ apprit la mort de sa fille. Il se rendit à Al-Baqee, se tint sur sa tombe et pria pour le pardon.

Après la mort de Syeda Ruqayyah (S.A), le Prophète Mohammad ﷺ a marié son autre fille, Syeda Umm Kulthom(S.A), avec Uthman(R.A). Comme raconté par Abu Hurairah(R.A), le Messager d'Allah ﷺ se tenait à la porte de Masjid Al-Nabawi et dit :

"O Uthman, Jibreel m'a dit qu'Allah veut que tu épouses Umm Kulthoom pour une dot (Mehr) similaire à celle de Ruqayyah et que tu la traites avec la même gentillesse." (Ibn Majah: 110)

Uthman(R.A) et Syeda Umm Kulthoom(S.A) se sont mariés. Trois jours après leur mariage, le Prophète Mohammad ﷺ rendit visite à sa fille et lui demanda:

"Ô ma fille, comment as-tu trouvé ton mari (c'est-à-dire Uthman) ?" Elle répondit : "Le meilleur des maris."

Umm Kulthoom(S.A) est restée avec Uthman(R.A) jusqu'à sa mort. Le Prophète ﷺ a offert la prière funéraire pour elle. Uthman(R.A) était profondément affligé par la perte de Syeda Umm Kulthoom(S.A). Lorsque Rasulallah ﷺ a vu Uthman(R.A) marcher le cœur brisé avec des signes de chagrin sur son visage et Il ﷺ est venu vers Uthman(R.A) et a dit :

"O Uthman, si j'en avais une troisième, je te la donnerais en mariage."

Ceci est inducteur de l'amour du Prophète Mohammad ﷺ pour Uthman(R.A), et de la loyauté et du respect d'Uthman(R.A) envers son Prophète ﷺ. Les savants disent que personne n'est connu pour avoir épousé deux filles d'un Prophète sauf lui. C'est pour cette raison qu'il a été surnommé "Zun-Noorain" (celui qui a deux lumières).

Contribution à la propagation de l'Islam
Et pour le bien-être des Musulmans

Uthman(R.A) était l'un des plus riches parmi ceux à qui Allah avait accordé la richesse. Il a utilisé sa richesse dans l'obéissance d'Allah(S.W.T). Il était toujours le premier à faire le bien et à dépenser dans la voie d'Allah(S.W.T), et il ne craignait pas la pauvreté. Parmi les nombreux exemples de ses dépenses, on peut citer les suivants :

- Lorsque le Prophète ﷺ est arrivé à Médine, la seule source d'eau douce était le puits de Bir Rumah, et sans paiement, personne n'avait le droit de boire l'eau du puits. Uthman(R.A) a acheté le puits au propriétaire (qui était un juif) pour vingt mille dirhams et en a fait don aux riches, aux pauvres et aux voyageurs.
- À Médine, la Masjid Al-Nabawi était devenue trop petite pour que les musulmans puissent prier cinq fois. Uthman(R.A) acheta le terrain situé à côté de la mosquée pour vingt-cinq ou vingt mille dirhams, et ce terrain fut ajouté à la mosquée, qui devint alors suffisamment grande pour accueillir les musulmans.
- Il a dépensé une somme importante pour équiper l'armée musulmane en vue de la campagne de Tabook.
- Pendant le califat d'Umar(R.A), le statut d'Uthman(R.A) était celui de conseiller. Pendant le califat d'Umar(R.A), Uthman(R.A) a mis en place le système de tenue

des registres des richesses dépensées et gagnées (le Diwan). C'est Uthman[R.A] qui a suggéré à Umar[R.A] de faire de l'année Hijri (calendrier islamique) l'année la plus importante du monde).

Nomination en tant que Calife

Umar ibn Al-Khattab[R.A], sur son lit de mort, a formé un comité de six personnes pour choisir le prochain calife parmi eux. Le comité a réduit les options à deux : Uthman[R.A] et Ali[A.S]. Ali[A.S] était du clan des Banu Hashim (le même clan que le Prophète Muhammad ﷺ) de la tribu des Quraish, et il était également le cousin et le gendre du Saint Prophète ﷺ et avait été l'un de ses compagnons depuis le début de sa prédication. Uthman[R.A] était du clan Banu Umayya de la tribu des Quraish. Il était un cousin au second degré et un gendre du Prophète Muhammad ﷺ et l'un des premiers convertis à l'Islam. Ainsi, Ali[R.A] a voté pour Uthman[R.A] et Uthman[R.A] a voté pour Ali[R.A].

Uthman[R.A] fut finalement choisi. Le quatrième jour, après la mort d'Umar[R.A], Uthman[R.A] fut élu troisième calife avec le titre de "Amir Al-Muminin" (le prince des croyants). Il s'est présenté devant le peuple et a déclaré son approche du pouvoir, expliquant qu'il suivrait les directives du Coran et de la Sunna, et suivrait les traces des deux califes précédents [c'est-à-dire Abu Bakr[R.A] et Umar[R.A]]. Il a également déclaré qu'il gérerait les affaires du peuple avec tolérance et sagesse, mais qu'il n'accepterait aucun compromis concernant les punitions qui doivent être exécutées pour la justice.

Les faits marquants de son règne en tant que Calife

Les réalisations d'Uthman(R.A) durant son règne en tant que calife, sont très nombreuses. Il a régné pendant douze ans. Voici quelques exemples de ses réalisations pendant son Califat (Khilafat):

- <u>Conquête</u>: Uthman(R.A) poursuit les guerres de conquête entamées par Umar(R.A). L'armée de Rashidun conquit l'Afrique du Nord aux Byzantins et s'empara même de l'Espagne, conquérant les zones côtières de la péninsule ibérique, ainsi que les îles de Rhodes et de Chypre. L'armée de Rashidun a également conquis la côte de la Sicile, l'Empire sassanide, et ses frontières orientales s'étendaient jusqu'à la rivière Indus.
- <u>Agrandissement de la mosquée du Prophète</u>: Uthman(R.A) a agrandi la mosquée du Prophète (Masjid Al-Nabawi) en 29-30 A.H. et a établi le first fleet islamique pour protéger les plages musulmanes des attaques des Byzantins.
- <u>Compilation du Coran</u>: L'une des réalisations les plus significatives d'Uthman(R.A) est la compilation du Saint Coran, qui a débuté sous le califat d'Abu Bakr Siddique(R.A). Sous son autorité, les diacritiques ont été écrits dans les lettres arabes afin que les arabophones non natifs puissent facilement lire le Coran.

Dans la seconde moitié de son califat, en raison de l'expansion des conquêtes islamiques et des nouveaux musulmans qui n'ont pas absorbé l'esprit d'ordre et d'obéissance, les ennemis de l'Islam menés par les juifs ont commencé à provoquer des conflits civils pour affaiblir l'unité des musulmans et leur état. Ils soulèvent des doutes sur la politique d'Uthman(R.A) et incitent les gens en Egypte, à Kufa et à Basra à la rébellion. Ils ont trompé leurs partisans pour mettre en œuvre leur plan et ont rencontré le calife pour lui demander d'abandonner. Uthman(R.A) les convoqua à la réunion dans la mosquée avec les compagnons(R.A) aînés et d'autres personnes de la ville. Il réfuta leurs commérages peu fiables, et il répondit à leurs questions tout en leur pardonnant. Ainsi, ils retournèrent dans leur pays en dissimulant leur malice et jurèrent de revenir à la ville pour mettre en œuvre leurs complots, qui furent exagérés par le juif Abdullah bin Saba, qui se faisait passer pour un musulman.

Martyre

En Shawwal, 35 A.H., la tourmente se produisit, et les malfaiteurs assiégèrent Uthman(R.A) dans sa maison pendant quarante jours et l'empêchèrent de prier dans la mosquée et même de boire de l'eau. Mais lorsqu'il vit certains des Compagnons(R.A) qui s'étaient préparés à les fitter, il empêcha cette fight car il ne voulait pas faire couler le sang d'un musulman pour son propre bien. Ensuite, les conspirateurs ont fait irruption dans sa maison par l'arrière et l'ont attaqué alors qu'il lisait le Saint Coran. Sa femme Naila(R.A) tenta de le protéger, mais ils la frappèrent avec l'épée, lui coupant les finges. Les rebelles l'ont tué, et sa propre copie précieuse du Coran était imbibée de son sang. Il a été martyrisé le 18 de Dhul-Hijjah 35 Hijri, 656 AD. Il a été enterré à Al-Baqee, le cimetière sacré des musulmans près de Masjid Al-Nabawi à Médine.

Qu'Allah fasse miséricorde à Uthman ibn Affan(R.A), qu'il soit satisfait de lui et qu'il nous rassemble en sa compagnie.

Ameen.

Ali Asadullah

656-661 CE

ASADULLAH
Le lion d'Allah

Lignée et Attributs

Son nom complet est Ali Ibn Abi Talib. Il était issu de la famille la plus respectable de la tribu des Quraish, la famille des Banu Hashim, et il était le cousin du Prophète Muhammad ﷺ. Le nom de sa mère était Fatimah(R.A), et elle a embrassé l'Islam très tôt et a migré à Médine. Son père, Abu Talib, était le chef de la tribu des Banu Hashim, il était le gardien de la Ka'ba et était l'oncle du Prophète Muhammad ﷺ. Abu Talib était un descendant du Prophète Ismaël(A.S), le fils du Prophète Ibrahim(A.S).

Ali(A.S) est né à Makkah, et il a embrassé l'Islam très tôt, à l'âge de neuf ans. Il fut l'un des dix hommes qui reçurent la bonne nouvelle du Paradis. Il a épousé la fille du Prophète, Syeda Fatima(S.A). Il était un érudit éminent, un soldat courageux, un ascète notable et un orateur remarquable.

Enfance et Acceptation de l'islam

Quand Ali(A.S) était à l'âge de five, Quraish a été frappé par une sécheresse qui a affecté le statut économique de la Mecque. Par conséquent, le Saint Prophète ﷺ a fait appel à son oncle Al-Abbas pour aider Abu Talib pendant la crise. Ils ont proposé à Abu Talib de s'occuper de ses enfants, comme Al-Abbas avait choisi de s'occuper de Jafar, et le Saint Prophète ﷺ a pris Ali(A.S) et lui a donné toute la gentillesse et l'affection dans sa petite enfance, ce qui l'a influencé pour le reste de sa vie. Il grandit dans le foyer du Saint Prophète ﷺ, et lorsque le Saint Prophète ﷺ reçut la première révélation, Ali(A.S) fut le first à devenir musulman dans sa petite enfance.

Une fois, Ali ibn Abu Talib(R.A) est rentré chez lui alors que le Prophète ﷺ et sa noble épouse Khadijah(R.A) étaient en train de prier. Ali(A.S) s'est enquis de la prière, puis le Prophète ﷺ lui a dit que c'est la bonne religion qui exige de n'adorer aucun dieu à part Allah. Mais le Prophète ﷺ lui demanda de garder le sujet en secret. Le lendemain matin, Ali(A.S) vint voir le Prophète ﷺ et déclara son islam. Au début, il garda son Islam secret, craignant de son père, mais quand Abu Talib le reconnut, il l'approuva et lui demanda de s'y maintenir.

Rôle dans la Migration du Saint Prophète ﷺ de La Mecque à Médine

Le Prophète Muhammad ﷺ était connu pour être l'homme le plus digne de confiance de La Mecque. Bien qu'ils n'aient pas accepté sa religion, les habitants de La Mecque ont continué à lui faire confiance en lui confiant leurs objets précieux et leur argent. Au stade initial de l'islam, les musulmans ont été confrontés à d'immenses difficultés de la part des non-croyants de La Mecque. Le Prophète Muhammad ﷺ est resté à La Mecque en attendant la permission d'Allah d'émigrer à Médine tandis que ses compagnons ont émigré tôt. Lorsque les mécréants de la Mecque ont comploté pour tuer le Messager d'Allah ﷺ, l'Angle Jibrael(A.S) lui a révélé les détails de cette conspiration maléfique. Ainsi, le Saint Prophète ﷺ a demandé à Ali(A.S) de dormir dans son lit pour se faire passer pour lui, confondant les tueurs que le Saint Prophète ﷺ est toujours dans la maison ; alors qu'il quittait sa maison en toute sécurité la nuit et migrait vers Médine en compagnie d'Abu Bakr Siddique[R.A]. C'est à Ali[A.S] que le Saint Prophète ﷺ a fait confiance pour rendre les biens à leurs propriétaires lorsqu'il est parti à Médine. Plus tard, Ali[A.S] a également émigré à Médine pour rejoindre le Saint Prophète ﷺ. Ali[A.S] avait énormément souffert lors de son voyage vers Médine, car il a passé ce long voyage à marcher sur ses pieds. Lorsqu'il atteignit Médine, Rasulallah ﷺ le rencontra avec joie, envoyant des prières fidèles à Allah[S.W.T] et recherchant la bonté et les bénédictions pour Ali Ibn Abi Talib[A.S].

Après la migration à Médine, lorsque le Saint Prophète ﷺ a posé les bases de la société islamique, Ali[A.S], étant si proche de lui, était extrêmement actif au service du Saint Prophète ﷺ, suivant ses ordres et apprenant de ses conseils.

Mariage avec Syeda Fatima[S.A]

Ali[A.S] a épousé la fille la plus aimée du Saint Prophète ﷺ Syeda Fatima[S.A], l'une des meilleures femmes qui soient. Sa mère était Khadijah[R.A]. Le mariage béni a eu lieu à Médine après la bataille d'Ohud. Ainsi, Ali[A.S] eut l'honneur supplémentaire d'être le père de la progéniture du Prophète Muhammad ﷺ à travers ses fils, Al-Hasan[A.S] et Al-Hussain[A.S], et ses filles, Zainab[A.S], et Umm Kulthoom[A.S], de Syeda Fatima[S.A].

Contributions et soutien à la diffusion de l'Islam

Ali(A.S) était si fiable et digne de confiance que le Saint Prophète ﷺ l'a désigné comme l'un des scribes chargés de rédiger le texte du Saint Coran, qui lui avait été révélé de son vivant. Lorsque l'islam a commencé à se répandre en Arabie, Ali(A.S) a aidé à établir le nouvel ordre islamique en transmettant les messages et en déclarant les directives islamiques. De plus, il fut chargé de rédiger le traité de Hudaybiyah, le traité de paix entre le Prophète Muhammad ﷺ et Quraish. Ali(A.S) a été envoyé au Yémen pour diffuser les enseignements de l'islam. Il fut également chargé de régler plusieurs différends et de mater les révoltes de diverses tribus.

Le Lion d'Allah(S.W.T)

Ali(A.S) était bien connu pour sa bravoure. Il participa à presque toutes les batailles contre les mécréants à l'époque du Prophète Muhammad ﷺ, à l'exception de la bataille de Tabuk en l'an 9 hijri, car le saint Prophète ﷺ avait placé Ali(A.S) à la tête de la ville. Il a également pris part à des batailles individuelles contre les mécréants et a dominé les plus célèbres guerriers d'Arabie. En plus d'être le porte-drapeau dans ces batailles, Ali(A.S) dirigeait des groupes de guerriers lors de raids sur les terres ennemies.

À la bataille de Badr, il a vaincu le champion omeyyade, Walid Ibn Utba, et vingt autres soldats polythéistes.

Ali(A.S) était en vue lors de la bataille d'Uhud lorsque le porte-étendard de l'Islam fut martyrisé ; c'est Ali(A.S) qui le releva. Ensuite, il a été défié par un mécréant qu'Ali(A.S) a combattu et vaincu à lui tout seul. C'est également Ali(A.S) qui a entouré le Saint Prophète ﷺ avec d'autres compagnons loyaux, lorsque les archers ont déserté leurs positions en quête de butin et que le chaos s'est produit. Ali(A.S), qu'Allah avait protégé, se tenait fermement aux côtés du Prophète Muhammad ﷺ.

Lors de la bataille de la tranchée, Ali(A.S) a courageusement vaincu un chef éminent des incroyants appelé Amr Ibn Wudd.

Lors de la bataille de Khaybar, alors que l'armée musulmane n'a pas réussi à conquérir la forteresse juive à deux reprises, le Saint Prophète ﷺ a déclaré cette nuit-là : "Par Dieu, demain je la donnerai [la bannière] à un homme qui aime Dieu et son messager, et que Dieu et son messager aiment. Dieu lui accordera la victoire." Le lendemain matin, les compagnons emmenèrent Ali(A.S), mais il avait mal aux yeux (ophtalmie). Ils l'emmenèrent chez le Messager d'Allah ﷺ, qui appliqua sa salive sur ses yeux, et il guérit. Le Messager d'Allah ﷺ lui donna la bannière.

Lorsque Ali(A.S) atteignit la citadelle de Qamus, il fut accueilli à la porte par Marhab, un chef juif qui avait une grande expérience de la bataille. Marhab cria : " Khaybar sait bien que je suis Marhab, un valeureux guerrier éprouvé, dont l'arme est tranchante. Tantôt je pousse avec la lance, tantôt je frappe avec l'épée, quand les lions avancent dans une rage brûlante".

Ali(A.S) a scandé en réponse :

"Je suis celui dont la mère l'a nommé 'Haidar (Lion)', (Et je suis) comme un lion de la forêt avec un visage effrayant. Je donne à mes adversaires la mesure de 'sandara' en échange de sa' (gobelet), c'est-à-dire que je retourne leur attaque avec une autre beaucoup plus féroce."

Les deux soldats se frappèrent l'un l'autre, et après le deuxième coup, Ali(A.S) fendit le casque de Marhab, lui fendant le crâne et posant son épée dans les dents de son adversaire. Une autre narration décrit, "Ali(A.S) a frappé la tête de Mirhab et l'a tué". Pendant la bataille, un juif l'a frappé de telle sorte que son bouclier est tombé de sa main, et Ali(A.S) a perdu son bouclier. Ayant besoin d'un substitut, il ramassa une porte et l'utilisa pour se défendre. On dit que la porte était si lourde qu'il fallait huit hommes pour la replacer sur ses charnières. On dit aussi que, lorsque le moment fut venu de faire une brèche dans la forteresse, il jeta la porte en bas comme un pont pour permettre à son armée de passer dans la citadelle et de conquérir le dernier seuil. La forteresse fill à l'assaut des musulmans, et la victoire atteinte.

De plus, Ali(A.S) était l'un des compagnons qui se tenait inébranlablement aux côtés du Prophète Muhammad ﷺ lors de la bataille de Hunain.

Le titre de "Lion d'Allah(S.W.T)" est bien mérité pour Ali ibn Abi Talib(A.S) pour sa valeur sur les champs de bataille.

Soutien aux trois premiers Califes

Abu Bakr As-Siddique(R.A) a envoyé Ali(A.S) avec un groupe de Compagnons pour protéger les frontières de la ville dans les moments critiques. En outre, Abu Bakr(R.A) consultait Ali(A.S) avant de fibattre l'apostasie et les Romains. Des narrations ont révélé que la fonction de juge a été déléguée à Ali(A.S) pendant le califat d'Abu Bakr(R.A).

Ali$^{(A.S)}$ a prêté allégeance à Umar$^{(R.A)}$ et l'a aidé en tant que conseiller de confiance. Sous le califat d'Umar$^{(R.A)}$, une période unique dans l'histoire du monde en termes de conquête territoriale, Ali$^{(A.S)})$ a eu droit au poste de conseiller du calife. Aucune question majeure n'a été résolue sans sa consultation. Par son courage et sa bravoure, il s'est distingué parmi ses contemporains. Sous le califat d'Umar$^{(R.A)}$, l'armée islamique a conquis l'empereur romain en Syrie, en Égypte et en Afrique du Nord. De plus, l'armée islamique a conquis l'empereur perse en Irak, en Perse, au Khurasan et jusqu'aux frontières de la Turquie et de l'Inde. Pendant tout ce temps, Umar$^{(R.A)}$ avait l'habitude de consulter les sages compagnons du Prophète ﷺ tels qu'Ali$^{(A.S)}$, et de demander leurs suggestions sur les questions politiques. Il a été raconté que c'est Ali$^{(A.S)}$ qui a conseillé à Umar$^{(R.A)}$ de fixer l'Hijra comme début du calendrier islamique. De même, c'est Ali$^{(A.S)}$ qui a conseillé à Umar$^{(R.A)}$ de se rendre à Jérusalem afin de recevoir la Sainte Mosquée des Romains, tandis qu'Umar$^{(R.A)}$ a placé Ali$^{(A.S)}$ en charge de Médine. Ainsi, c'est lui qui réussit à s'emparer de la citadelle de Khalibar. Ali$^{(A.S)}$ fait partie du conseil électoral d'Umar$^{(R.A)}$ pour choisir le troisième calife. Uthman$^{(R.A)}$ et Ali$^{(A.S)}$ étaient les deux principaux candidats.

Ali$^{(A.S)}$ a également prêté allégeance à Uthman$^{(R.A)}$ et est resté à Médine pour le soutenir. Ali$^{(A.S)}$ a représenté un rôle considérable lors de l'incitation à la rébellion contre Uthman$^{(R.A)}$. Ali$^{(A.S)}$ a soutenu Uthman$^{(R.A)}$ et l'a défendu en lui offrant des conseils et en faisant face à l'opposition provinciale venant d'Egypte et d'Irak. Ils ont cherché à remplacer Uthman$^{(R.A)}$ par Ali$^{(A.S)}$, mais ce dernier a résolument rejeté leurs demandes. Ainsi, ils ont fait semblant de battre en retraite, mais après trois jours, ils sont revenus à Médine pour assiéger Uthman$^{(R.A)}$ et sa famille. Ali$^{(A.S)}$ et ses fils défendirent ardemment

Uthman(R.A), et ils étaient destinés à fight les rebelles, mais Uthman(R.A) refusa de tuer des gens pour lui. Ce fut un malheur compliqué dans l'histoire de l'Islam, marqué par le meurtre d'Uthman(R.A).

Ali Ibn Abi Talib(A.S) en tant que Quatrième Calife

Après le martyre du troisième calife, Uthman(R.A), les compagnons du Prophète ont approché Ali(A.S), lui demandant d'être le calife. D'abord, il a décliné la responsabilité de ce grand office, suggérant d'être un conseiller plutôt qu'un chef. Mais finalement, il a décidé de soumettre la question aux musulmans dans la mosquée du Prophète. En conséquence, l'écrasante majorité des Compagnons de Médine considéraient Ali(A.S) comme la personne la plus apte à être le Calife après Uthman(R.A). Aussi, à l'occasion de l'élection du troisième calife, le choix final s'est porté sur Uthman(R.A) et Ali(A.S). Uthman(R.A) avait voté en faveur d'Ali(A.S) et Ali(A.S) en faveur d'Uthman(R.A) comme étant la personne la plus appropriée pour la fonction du califat. Ali(A.S) était considéré comme l'homme idéal pour le quatrième calife. S'il n'avait pas pu arrêter le cours inévitable des événements, personne d'autre ne pouvait le faire. En fait, cependant, il s'est avéré être la meilleure solution possible pour le bien de l'Islam en ces jours de tempête. Quant au jugement, il n'avait pas d'égal parmi les compagnons du Saint Prophète ﷺ. Ainsi, il accepta de prendre la responsabilité, et des serments de loyauté lui furent prêtés.

Plusieurs problèmes se posent au nouveau calife lorsqu'il prend le pouvoir. Tout d'abord, il doit établir la paix dans l'État et amender la situation politique qui se détériore. Deuxièmement, il devait prendre des mesures contre les assassins d'Uthman(R.A). Peu après qu'Ali(A.S) soit devenu calife, il a révoqué les gouverneurs provinciaux qui avaient été nommés par Uthman(R.A) et les a remplacés par des assistants de confiance. Il a écrit des instructions à ses fonctionnaires qui précisent la forme du régime qu'il voulait instaurer. Ali(A.S) a dit aux gens que la politique musulmane était devenue en proie aux désaccords et à la discorde et qu'il voulait purger l'Islam de tout mal dont il avait souffert. Il a ensuite averti toutes les personnes concernées qu'il ne tolérerait aucune rébellion et que toutes les personnes reconnues coupables d'activités rebelles seraient traitées sévèrement. Il a conseillé aux gens de se comporter comme de vrais musulmans. Il ne s'agissait pas d'un régime dans lequel les officiers dominaient et s'engraissaient avec l'argent public. Il croyait que les gens et les gouvernants avaient des droits les uns sur les autres, et qu'Allah(S.W.T) avait créé ces droits de telle sorte qu'ils étaient égaux les uns aux autres. Ce serait un régime où les gouvernés et les contribuables auraient une prime. C'est à leur convenance que l'État devait fonctionner. C'était un État-providence qui ne travaillait que pour le bien-être des personnes qui vivaient sous son autorité, un régime dans lequel les riches ne peuvent pas s'enrichir tandis que les pauvres s'appauvrissent ; un régime où les canons de la religion établissent un équilibre entre les gouvernés et les gouvernants.

Le règne d'Ali(A.S) fut notamment marqué par l'apparition d'épreuves et de troubles parmi les musulmans. Une lecture attentive de l'histoire islamique a révélé que la principale cause de ces troubles était le parti d'Ibn Saba, soutenu par des esclaves fled et des habitants de villages. Leur chef, Abdullah ibn Saba, était juif mais a fait semblant de se convertir à l'islam pendant le califat d'Uthman ibn Affan(R.A). L'objectif principal d'Ibn Saba était de diviser les musulmans et de répandre l'anarchie dans la société islamique. Il a incité les musulmans à tuer Uthman(R.A) car il supposait qu'Uthman(R.A) avait occupé le siège d'Ali(A.S). Il était également la principale source de méfaits et de révolution pendant le règne d'Ali(A.S).

Pendant le califat d'Ali(A.S), il y a certainement eu des effusions de sang parmi les musulmans, mais il faut aussi se rappeler que chaque fois qu'Ali(A.S) voyait une bonne occasion d'éviter une effusion de sang, il se retenait pour le bien de la nation musulmane. Ali(A.S) était fermement convaincu qu'il ne devait pas déclencher une guerre avec d'autres musulmans, mais son armée n'a pas battu en retraite lorsque l'ennemi l'a déclenchée. Il a ordonné à ses soldats de ne pas tuer ceux qui seraient blessés, ou qui ne pourraient pas se défendre ou s'échapper du champ de bataille et de ne pas blesser les femmes.

Le califat d'Ali(A.S) ne comportait pas de nouvelles conquêtes mais se caractérisait par des réalisations civiles et culturelles telles que l'organisation de la police, la construction de la cour d'arbitrage et de prisons. En outre, Ali(A.S) a transféré la capitale du califat de Médine à Kufah en Irak, en raison de sa position stratégique au milieu de l'empire islamique à cette époque. Kufah a prospéré grâce à l'établissement d'écoles de jurisprudence et de grammaire. En outre, Ali(A.S) donna l'ordre de doter les lettres du Saint Coran de signes voyelles pour la firmière fois.

Martyre

Le 19 du Ramadan, alors qu'Ali(A.S) faisait la prière du fajr dans la mosquée de Koufa, un homme nommé 'ibn Muljam' l'attaqua avec son épée couverte de poison. Un ancien de Quraish a rapporté que lorsque Ibn Muljam a frappé Ali(A.S), il a dit :

"Le Seigneur de la Ka'ba m'a succédé."

Ali(A.S) a vécu pendant deux jours blessé par l'épée empoisonnée. Il ordonna à ses fils de ne pas tuer le groupe de personnes, car l'acte avait été commis par un seul membre du groupe des Kharijites et non par tous.

Pendant ces deux jours, il a dicté son testament à sa maison :

"Je vous conseille de ne considérer personne comme un associé du Seigneur, soyez fermes dans votre croyance qu'il n'y a qu'un seul et unique Dieu, c'est-à-dire Allah. Ne gaspillez pas le savoir que le Prophète Muhammad ﷺ vous a donné, n'abandonnez pas et ne détruisez pas sa Sunnah [traditions]. Gardez ces deux piliers de l'Islam [le monothéisme et la Sunnah] et agissez selon mes conseils."

Il embrassa le martyre le 21 du Ramadan dans la ville de Kufa en 661 de notre ère. Son califat est resté pendant five année et demie. L'Imam Hasan(A.S) a dirigé la prière funéraire pour lui et a également pris Qisas plus tard en tuant Ibn Muljam.

Qu'Allah fasse miséricorde à Ali Ibn Abi Talib(A.S), qu'il soit satisfait de lui et qu'il nous rassemble en sa compagnie. Ameen.

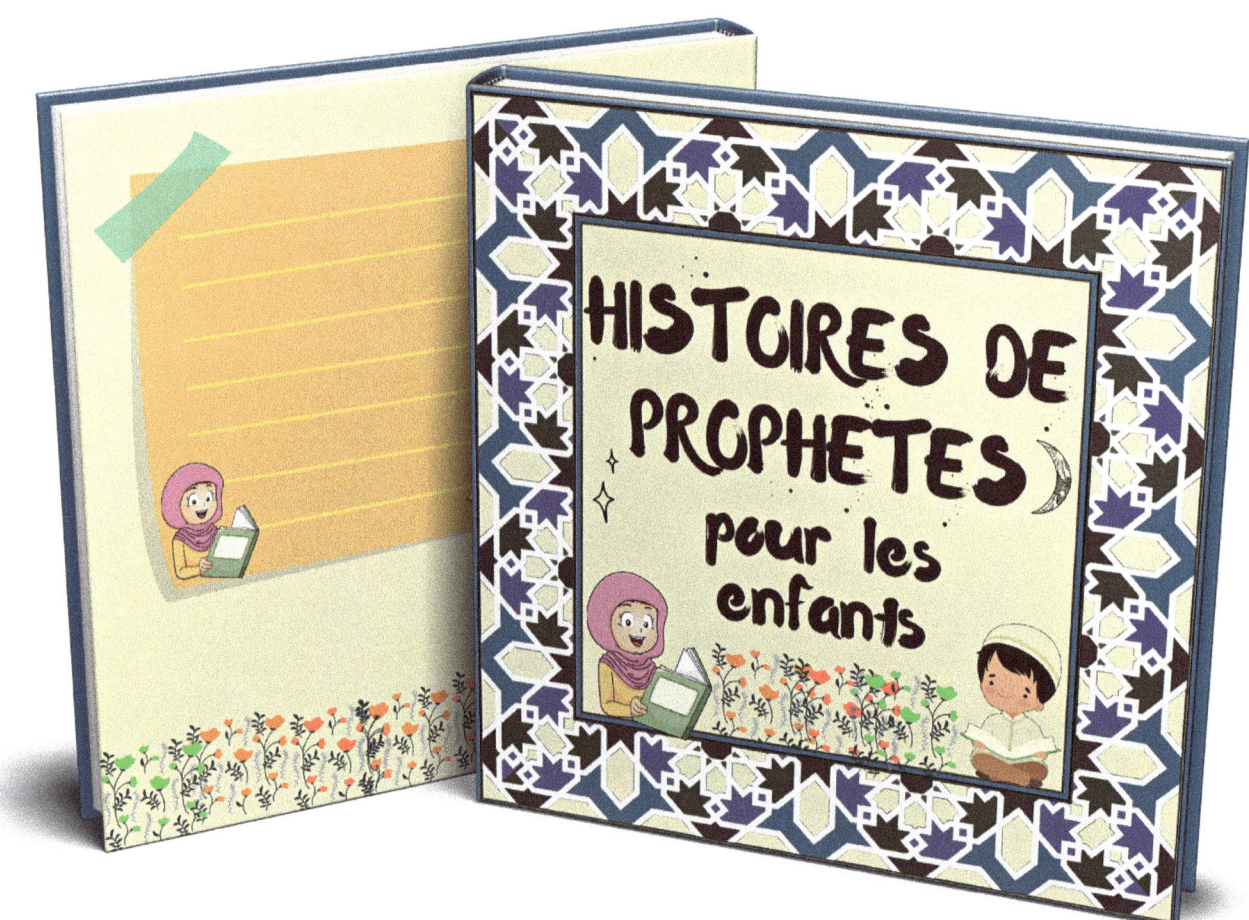

ISBN 978-1-990544-51-4

*Recherche de l'ISBN sur le site web du détaillant

Pages Couleur Premium Couverture Rigide

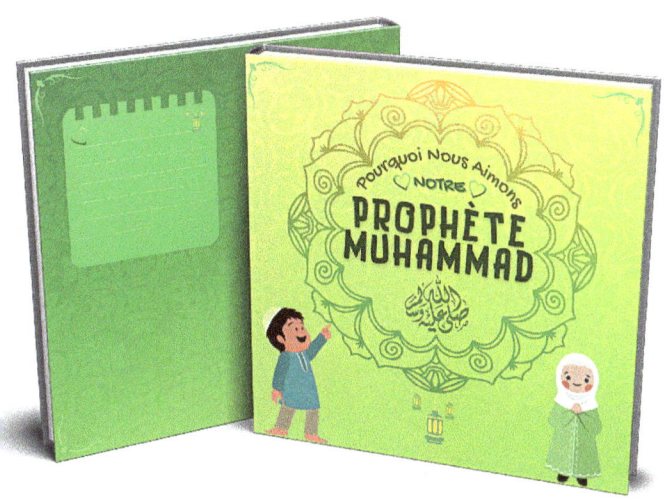

ISBN 978-1-990544-53-8

ISBN 978-1-990544-52-1

ISBN 978-1-990544-54-5

ISBN 978-1-990544-55-2

*Suche nach der ISBN auf der Website des Händlers

www.ingramcontent.com/pod-product-compliance
Lightning Source LLC
Chambersburg PA
CBHW041522120626
46551CB00018B/2531